Norbert Stockert

Die 50 besten
Fang- und
Versteckspiele

MiniSpielothek

**Gerne nehmen wir Ihre Anregungen,
Wünsche, Kritik oder Fragen entgegen:**
Don Bosco Medien GmbH, Sieboldstraße 11, 81669 München
Servicetelefon: (0 89) 4 80 08-341

Bibliografische Information der Deutschen Nationalbibliothek

Die Deutsche Nationalbibliothek verzeichnet diese Publikation
in der Deutschen Nationalbibliografie; detaillierte bibliografische
Daten sind im Internet über http://dnb.d-nb.de abrufbar.

1. Auflage 2012 / ISBN 978-3-7698-1919-9
© 2012 Don Bosco Medien GmbH, München
www.donbosco-medien.de
Umschlagfoto und Illustration: Manfred Lehner, Blue Cat Design
Layout: Alexandra Paulus
Produktion: Don Bosco Druck & Design, Ensdorf

Gedruckt auf umweltfreundlichem Papier

Inhalt

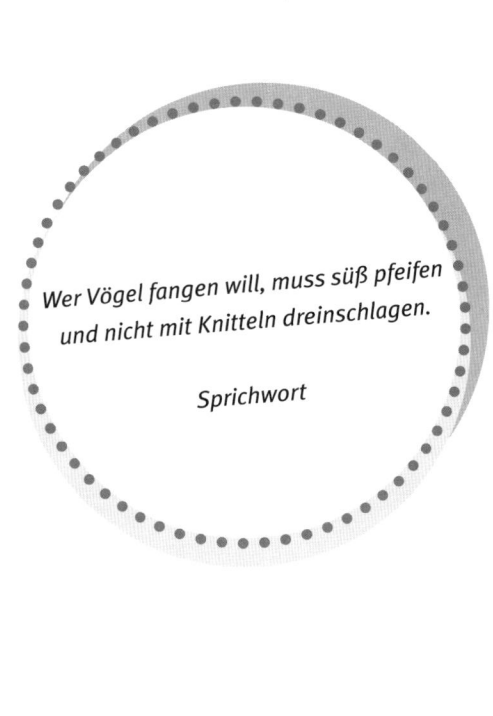

Wer Vögel fangen will, muss süß pfeifen
und nicht mit Knitteln dreinschlagen.

Sprichwort

Spiele für die Zusammenarbeit

Kettenfangen

Ein Spieler ist als Fänger im Spielfeld unterwegs. Fängt er einen anderen, so nehmen sich die beiden an der Hand. Schlagen sie einen weiteren Spieler ab, so schließt sich dieser ihnen an; es entsteht eine Dreierkette, die nicht auseinanderreißen darf. Abschlagen können aber nur die beiden Außenspieler mit ihrer jeweils freien Hand. Wird nun ein weiterer Spieler „einverleibt", so teilt sich die Kette in zwei Fängerpaare. Dies geht so lange weiter, bis der letzte Mitspieler gefangen ist.

Variation

Die Kette teilt sich nicht, sondern jeder abgeschlagene Spieler schließt sich an, sodass die Kette immer länger wird, bis auch der letzte freie Spieler dranhängt.
Diese Kette kann nicht nur durch Abschlagen, sondern auch durch Einkreisen fangen.

Das Spiel ist recht anspruchsvoll: es erfordert Abstimmung unter den Kettengliedern und Rücksicht, denn die Kette kann nicht schneller sein als ihr langsamstes Glied.

Brückenfangen

Die Spieler finden sich zu zweit zusammen und halten sich an der Hand. Ein Spielerpaar ist Fänger. Paare, die von ihnen abgeschlagen werden, bleiben auf der Stelle stehen und machen eine Brücke: sie stellen sich gegenüber, heben die Arme und fassen sich an den Händen. Sie werden wieder frei, wenn ein anderes Paar unter ihnen durchläuft.

Man kann zusätzlich festlegen, dass ein Paar, das sich unter einer Brücke befindet, nicht abgeschlagen werden darf.

Schwerstarbeit für das Fängerpaar, da immer wieder bereits abgeschlagene Paare frei werden! Es kann daher sinnvoll sein, dass ihnen nach einiger Zeit ein zweites Paar hilft.

Eisbär und Pinguine

Im Spiel ist so manches möglich, was in der realen Welt nicht passieren kann; so auch hier, wo sich Eisbären und Pinguine begegnen.

Der „Eisbär" ist der Fänger; schlägt er einen „Pinguin" ab, so erstarrt dieser: er bleibt auf der Stelle stehen, legt die Arme an und zittert mit seinen „Flügelstummeln", den Händen. Er kann aus seiner Starre befreit werden, wenn diese Flügel von zwei noch freien Pinguinen gleichzeitig „aufgetaut", nämlich kurz massiert werden.

Der Eisbär wird es schwerlich schaffen, alle „Pinguine" einzufrieren, deshalb bekommt er vielleicht nach einiger Zeit „Eisbärenfreunde" zur Unterstützung.

Käferfangen

Wenn ein Käfer auf den Rücken fällt, kommt er manchmal aus eigener Kraft nicht mehr auf die Beine. So ist es auch in diesem Spiel. Wenn nämlich ein Spieler vom Fänger abgeschlagen wird, legt er sich auf den Rücken und strampelt wie ein Käfer mit den Gliedmaßen. Diesem Käfer kann geholfen werden, indem zwei freie Spieler ihm die Hände reichen und ihn gemeinsam hochziehen.

Man kann dieses Spiel nach einiger Zeit beenden oder es geht solange, bis alle Spieler auf dem Boden zappeln; sicher ein witziges Bild.

Tintenfisch

Der „Tintenfisch" steht auf der einen Seite des Spielfelds, ihm gegenüber befinden sich die anderen Spieler als „Fische". Wer beim nun folgenden Seitenwechsel vom Tintenfisch abgeschlagen wird, verwandelt sich in eine „Alge": er muss auf der Stelle stehen bleiben, wie festgewurzelt auf dem Meeresboden, darf aber versuchen, „vorbeischwimmende" Fische mit den Händen zu berühren; diese werden dann auch zu Algen. So wird es für die verbleibenden Fische immer enger, bis es kaum noch ein Durchkommen gibt.

Variation

Wer von den Algen abgeschlagen wird, verwandelt sich in einen „Krebs": er läuft im „Krebsgang", d. h. auf allen Vieren mit dem Bauch nach oben und kann auch versuchen, Fische abzuschlagen, die dann ebenfalls zu Krebsen werden.

Kuhstall

Die Spieler finden sich in Dreiergruppen zusammen. Jeweils zwei Spieler einer Gruppe reichen sich die Hände, das ist der Kuhstall; im Raum zwischen den gefassten Händen steht der dritte, er stellt die Kuh dar. Ein Spieler steht alleine, er macht verschiedene Ansagen, auf die die anderen folgendermaßen reagieren müssen:

- „Kuh": Die „Kühe" verlassen ihren „Stall" und suchen sich einen neuen, d. h. sie stellen sich zwischen ein anderes Spielerpaar.
- „Stall": Die „Kühe" bleiben stehen; die Stall-Spieler bilden um die Kühe herum neue Ställe.
- „Kuhstall": Alle rennen los und bauen neue Dreiergruppen; dabei ist egal, wer was vorher war.

Der einzelne Spieler versucht bei jedem Wechsel einen Platz zu finden. Gelingt dies, so ist der Spieler, der übrig bleibt, neuer Ansager.

Mausefalle

Eine „Katze" verfolgt alle anderen Spieler als „Mäuse". Gelingt es ihr, eine Maus zu fangen, so setzt die Maus sich hin und wird zur „Mausefalle": sie darf vorbeikommende Mäuse festhalten und die Katze rufen, die die Maus dann abschlägt. Auch diese Maus wird zur Mausefalle.

So wird es für die noch freien Mäuse immer enger: die Katze im Nacken und überall lauern Fallen.

Buddha, Tiger, Samurai

In der Mitte des Spielfelds stehen sich zwei gleichgroße Linien von Spielern gegenüber. Jede Gruppe hat sich zuvor heimlich auf eine der drei Figuren: „Buddha", „Tiger" oder „Samurai" geeinigt. Die Spielleitung gibt mit folgendem Spruch das Startsignal: „Buddha, Tiger, Samurai, macht das Zeichen, 1 – 2 – 3!"

Daraufhin stellt jede Gruppe gemeinsam ihre Figur dar; und zwar folgendermaßen:

- „Buddha": sich verbeugen mit vor der Brust gefalteten Händen
- „Samurai": mit einem Schrei das „Schwert" ziehen
- „Tiger": die Arme heben und brüllen

Nun gilt das Prinzip von „Schere, Stein, Papier", d. h. einer ist immer stärker als ein anderer: Buddha ist stärker als Samurai, Samurai ist stärker als Tiger, Tiger ist wiederum stärker als Buddha.

Die schwächere Gruppe flieht nun bis zur Außenlinie, die stärkere rennt hinterher; wer vor der Außenlinie abgeschlagen wird, muss die Gruppe wechseln.

Wenn beide Gruppen dasselbe darstellen, geschieht nichts.

Es kann vorkommen, dass auf einer Seite nur noch ein Spieler steht, da kann man ihm nur wünschen, dass er in der stärkeren Position ist!

Gassenjagd

Die Spieler stehen in mehreren Linien hintereinander und geben sich die Hände, so dass alle in dieselbe Richtung schauen; durch die Gassen zwischen den Linien soll man bequem laufen können.

Eine „Katze" jagt eine „Maus" durch die Gassen. Auf ein Signal der Maus oder des Spielleiters hin drehen sich alle Spieler um 90 Grad in dieselbe Richtung; jeder fasst dann seine neuen Nachbarn an der Hand. Derart entstehen neue Gassen im rechten Winkel zu den alten. Die Katze steht nun plötzlich vor einer Mauer. Unter den Armen durchschlüpfen ist nicht erlaubt! Auf ein weiteres Signal hin drehen sich die Spieler zurück in die Ausgangsposition. Erwischt die Katze die Maus, so ist Rollenwechsel.

Bevor die Katze vor den dauernden Absperrungen verzweifelt, kann der Spielleiter ihr eine zweite Katze zu Hilfe schicken. Oder nach einer vorher festgelegten Zeit ist Rollenwechsel.

Fliegender Holländer

Der „Fliegende Holländer" war ein wüster Kapitän, der dazu verdammt wurde, auf ewig über die Meere zu segeln. Seinem Schiff, das lautlos über die Wellen glitt, zu begegnen, bedeutete großes Unheil.

Alle Mitspieler bis auf zwei stehen im Kreis und fassen sich an den Händen. Die übrigen zwei geben sich die Hand und „umsegeln" als „Fliegender Holländer" dieses „Meer", laufen also außen um den Kreis herum.

Der innen Laufende des fliegenden Holländers schlägt an einer beliebigen Stelle den Kreis durch. Die beiden davon betroffenen Spieler fassen sich schnell wieder an der Hand und laufen – Achtung: in Gegenrichtung! – um den Kreis herum. Das Paar, das zuerst im „Hafen", nämlich an der offenen Stelle des Kreises ankommt, schließt den Kreis; das andere geht weiter auf Seefahrt.

Hinweis

Damit die Begegnung mit dem Fliegenden Holländer nicht doch ernsthafte Folgen hat, sollte man darauf achten, dass die Paare, wenn sie sich begegnen, nicht zusammenstoßen. Das kann man so regeln, dass das

„Fliegende Holländer-Paar" immer auf der Innenbahn läuft. Es ist dadurch zwar aufgrund des kürzeren Weges im Vorteil, kann so aber auch mal im Hafen verschnaufen.

Spiele zum Auspowern

Jeder ist dran!

Das schnellste Spiel der Welt!
Jeder Spieler ist Fänger, jeder darf jeden abschlagen, was auch heißt, dass jeder von jedem abgeschlagen werden kann. Wenn zwei Spieler sich gleichzeitig berühren, gelten beide als abgeschlagen. Wer abgeschlagen wurde, setzt sich hin.
Das Spiel wird noch schneller, wenn die bereits sitzenden Spieler freie Spieler, die an ihnen vorbeilaufen, auch abschlagen dürfen.

Variation

Durch eine weitere Regel wird aus dem schnellsten auf einmal das längste Spiel der Welt: freie Spieler dürfen die bereits abgeschlagenen wieder frei schlagen. Falls das Spiel nicht schon vorher im Chaos versinkt, kann man solange spielen, bis alle am Ende ihrer Kräfte sind; oder besser, die Spielleitung hat ein Einsehen und beendet das Spiel nach angemessener Zeit.

Storch und Frösche

Ein Spieler als Fänger ist „Storch" und hüpft passenderweise auf einem Bein; alle anderen sind „Frösche" und müssen natürlich auf allen Vieren hüpfen. Wer vom Storch gefangen wird, verwandelt sich auch in einen Storch. Und irgendwann ist dann auch der letzte Frosch verspeist.

Vor Spielbeginn kann auch ein Bereich festgelegt werden, in dem sich aber jeweils nur ein Frosch für eine gewisse Zeit aufhalten darf und wo er vor den Störchen geschützt ist.

Variation

Nun dürfen auch die Frösche mal auf Jagd gehen. Am Anfang ist ein Frosch als Fänger allein. Er fängt natürlich „Fliegen"; das sind alle anderen Spieler, die herumrennen, mit den Flügeln schlagen (mit den Armen wedeln) und dabei surren. Wer vom Frosch abgeschlagen wird, ist auch ein Frosch.

Paar-Fangen

Die Spieler finden sich paarweise zusammen. Jedes Paar bestimmt, welcher von den beiden der Fänger ist. Alle Fänger versuchen nun, ihren jeweiligen Partner abzuschlagen; das ist nicht einfach, denn alle Mitspieler sind ja gleichzeitig unterwegs. Gelingt dies, so erhält der Abgeschlagene eine Aufgabe; z. B. sich dreimal auf der Stelle drehen oder den Anfang eines Liedes singen. Das gibt dem bisherigen Fänger die Chance zu flüchten, denn nun ist Rollenwechsel.

Variation 1

Wenn der Verfolgte stehen bleibt, muss der Fänger auch stehen bleiben.

Variation 2

Die Spieler teilen sich in Dreiergruppen ein; dabei sind zwei von ihnen Fänger. Wird der Verfolgte abgeschlagen, so wird derjenige, der ihn abgeschlagen hat, neuer Verfolgter; zuvor müssen aber die beiden anderen ihre Aufgabe lösen.

Variation 3

Die Spieler finden sich in Vierergruppen zusammen und teilen sich in Paare auf, wobei ein Paar Fänger ist und das andere verfolgt wird. Die Paare müssen sich immer an der Hand halten.

Hasenjagd

Je nach Größe der Gruppe gibt es einen oder mehrere „Jäger". Alle anderen Spieler sind „Hasen". Sie bestimmen heimlich einen Spieler zum „schwachen Hasen". Nun gehen die Jäger auf „Hasenjagd". Wer abgeschlagen wird, geht in die Hocke und kann nicht mehr befreit werden. Aufgabe der Jäger ist es, den ihnen unbekannten schwachen Hasen zu erwischen. Gelingt es ihnen, ist das Spiel zu Ende, unabhängig davon, wie viele Hasen noch unterwegs sind. Aufgabe der Hasen ist es, den schwachen Hasen – natürlich möglichst unauffällig – zu schützen.

Variation 1

Anstelle des schwachen gibt es einen „starken" Hasen. Er kann die bereits sitzenden Hasen wieder erlösen, indem er sie – natürlich auch möglichst unauffällig – frei schlägt. Diesmal ist das Spiel zu Ende, sobald der starke Hase abgeschlagen wird.

Variation 2

Es gibt einen schwachen und einen starken Hasen. Beide müssen von den Jägern erwischt werden. Ist der schwache Hase abgeschlagen, kann er vom starken Hasen nicht mehr befreit werden. Ist der starke Hase abgeschlagen, kann natürlich niemand mehr befreit werden.

Fuchs und Gans

Die Spieler finden sich paarweise zusammen, haken sich ein und stemmen den äußeren Arm in die Hüfte. Zusätzlich gibt es einen „Fuchs", der eine „Gans" verfolgt. Alle sind gemeinsam im Spielfeld unterwegs. Hakt sich die Gans bei einem Spieler eines Paares ein, so wird der andere Spieler dieses Paares zur neuen Gans. Wenn der Fuchs eine Gans gefangen hat, ist Rollenwechsel.

Variation 1

Hakt sich der Fuchs vor der Gans bei einem Spieler ein, so wird dessen Partner zum neuen Fuchs. Das gibt dem bisherigen Fuchs die Chance, mal zu verschnaufen und nicht dauernd hinter einer neuen Gans herrennen zu müssen.

Variation 2

Hängt sich die Gans bei einem Spieler ein und ruft „Fuchs!", so wird der andere Spieler dieses Paares zum neuen Fuchs und der bisherige Fuchs zur Gans.

Rette sich wer kann!

Jeder Spieler erhält vom Spielleiter heimlich (z. B. durch Zettelziehen) die Zahl 1, 2 oder 3 zugewiesen, so dass es drei gleichgroße Gruppen gibt. Die Spieler bewegen sich zur Musik, bei Musikstopp ruft der Spielleiter eine der Zahlen.

Die betreffenden Spieler werden augenblicklich zu Fängern und jagen hinter den anderen her. Wer von den Verfolgten eine Außenlinie des Spielfeldes erreicht, ist gerettet. Wer abgeschlagen wird, scheidet aus.

Variation

Wer abgeschlagen wird, übernimmt die Zahl der Fängergruppe.

16

Hunde – Katzen – Schlangen

Die Spieler werden in drei gleichgroße Gruppen eingeteilt und unterschiedlich markiert, z.B. mit farbigen Bändern. In einer Gruppe sind die „Hunde", in der zweiten die „Katzen" und in der dritten die „Schlangen".

Nun beginnt im Spielfeld eine wilde Jagd: die Hunde verfolgen die Katzen, diese die Schlangen, diese die Hunde. Wer dabei von einem der Verfolger abgeschlagen wird, setzt sich hin.

Ein nervenaufreibendes Spiel, denn jeder ist ja gleichzeitig Jäger und Beute. Welche Tierart bleibt übrig?

Variation

Die Spieler einer Gruppe können die bereits abgeschlagenen „Artgenossen" wieder frei schlagen.

Kranich, Krähe, Krebs

Schnell und richtig reagieren – darauf kommt es bei diesem Spiel an.

In der Mitte des Spielfeldes stehen sich zwei gleichgroße Linien von Spielern gegenüber. Der Spielleiter macht verschiedene Ansagen, auf die die Spieler entsprechend reagieren müssen; und zwar folgendermaßen:

- „Kranich": Die Gruppe rechts vom Spielleiter flüchtet bis zur Außenlinie, die andere Gruppe rennt hinterher; wer dabei abgeschlagen wird, wechselt in diese Gruppe.
- „Krähe": Nun ist`s gerade umgekehrt.
- „Krebs": Jeder muss wie versteinert stehen bleiben; wer sich bewegt, wechselt in die andere Gruppe.

Warum heißt das Spiel so? Nun, es sind alles Begriffe, die mit „Kr" beginnen, sodass am Anfang der Ansage die Spieler nicht gleich wissen, was kommt.

Variation

Man kann weitere Tiere nennen, die mit „Kr" beginnen, z.B. „Krake" und „Krokodil" und sich dazu passende Aufgaben ausdenken.

Fuchs und Hase

Die Spieler stehen im großen Kreis, paarweise hintereinander, so dass alle Richtung Mitte schauen. Innerhalb des Kreises verfolgt ein „Fuchs" einen „Hasen".
Stellt sich der Hase hinter ein Spielerpaar, so wird der
vordere Spieler des Paares zum neuen Hasen. Schlägt
der Fuchs den Hasen ab, so ist Rollentausch.

Variation

Stellt sich der Hase vor ein Paar, so wird der hintere
Spieler zum neuen Hasen.

Mauseloch

Die Spieler stehen mit gegrätschten Beinen in einem großen Kreis. Innerhalb des Kreises verfolgt eine „Katze" eine „Maus". Schlüpft die Maus in ein „Mauseloch", d. h. durch die Beine eines der Kreisspieler, so wird der Spieler, der das Mauseloch bildete, zur neuen Katze und die bisherige Katze wird zur Maus. Die bisherige Maus stellt sich an den freien Platz.

Gelingt es der Katze, die Maus abzuschlagen, so ist Rollentausch.

Chaos möglich, ungemeine Spieldynamik garantiert!

Fangspiele aus alter Zeit

Schwarzer Mann

Das Spiel ist der Klassiker unter dieser Art von Fang-spielen, wo ein Fänger zunächst alleine gegen die Gruppe spielt und dann immer mehr Helfer bekommt. Die Bezeichnung „schwarzer Mann" hat nichts mit der Hautfarbe zu tun; vielmehr symbolisierte sie im Mittel-alter die Pest bzw. den Totengräber. Ein Spiel mit (tod-) ernstem Hintergrund.

Auf der einen Seite des Spielfeldes steht der „schwar-ze Mann", ihm gegenüber stehen alle anderen Spieler. Es entsteht folgender Dialog:

„Wer hat Angst vorm schwarzen Mann?"

„Niemand!"

„Und wenn er kommt?"

„Dann laufen wir!"

Nun werden die Seiten gewechselt. Wer dabei vom schwarzen Mann abgeschlagen wird, muss ihm fangen helfen, bis nur noch ein Mitspieler übrig ist, er wird der neue „schwarze Mann".

 Kaiser, Kaiser, welche Fahne weht heute?

Auf dem Schloss weht die Fahne des Kaisers, und ihre Farbe gibt an, wer sich dem Schloss unbehelligt nähern darf. So steht im Spielfeld der „Kaiser" allen anderen gegenüber.

Sie fragen: „Kaiser, Kaiser, welche Fahne weht heute?" Er nennt eine Farbe und alle laufen auf die andere Seite. Alle, die die genannte Farbe an ihren Kleidern haben, dürfen dabei nicht abgeschlagen werden und können entspannt das Spielfeld queren. Wer von den anderen vom Kaiser abgeschlagen wird, muss ihm fangen helfen.

Da die Kinder heute oft recht bunt angezogen sind, hat der Kaiser mit seinen Helfern gewöhnlich mehr Arbeit als früher.

 # Kaiser, Kaiser, wie viele Schritte darf ich gehen?

Der „Kaiser" steht auf der einen Seite des Spielfelds, die anderen stehen ihm gegenüber. Der Reihe nach fragen sie: „Kaiser, Kaiser, wie viele Schritte darf ich gehen?" Der Kaiser nennt eine Zahl; dann muss der jeweilige Spieler noch fragen: „Darf ich?" Nur wenn der Kaiser „ja" sagt, darf er die genannte Anzahl Schritte vorwärts machen; bei einem „nein" muss er stehen bleiben. Vergisst er um Erlaubnis zu fragen, darf er auch nicht vorwärts gehen; oder er muss die Schritte sogar rückwärts machen. Strenge Sitten bei Kaisers!
So lässt der Kaiser seine Mitspieler nur langsam voran kommen, denn er möchte so lang wie möglich Kaiser sein. Wer als Erster an der anderen Seite ankommt, ist neuer Kaiser.

Variation

Der Kaiser kann auch verschiedene Schrittarten nennen, z. B. große / kleine Schritte, Fuß vor Fuß, Hüpfer....

Drachenschwanzjagen

Jeder Spieler steckt sich ein Tuch hinten so in die Hose, dass es sichtbar heraushängt; das ist der „Drachenschwanz". Nun versuchen die „Drachen" sich gegenseitig ihre Schwänze abzujagen. Dabei darf man die anderen nicht festhalten, um das Tuch zu erwischen und auch das eigene Tuch nur durch Ausweichen schützen. Wer ein Tuch ergattert hat, kann es sich (zusätzlich) hinten rein stecken. Die Spieler, denen ihr Tuch abgejagt wurde, können ausscheiden, oder, je nach Vereinbarung, sich auch einen neuen Schwanz erobern dürfen.

Variation 1

Die Spieler finden sich zu mehreren zusammen, stellen sich hintereinander auf und halten sich an den Hüften oder Schultern; nur der Hinterste hat ein Tuch eingesteckt. Diese Drachen versuchen nun, sich gegenseitig die Schwänze abzuluchsen, wobei die Ketten nicht auseinanderreißen dürfen.

Variation 2

Alle Spieler bilden gemeinsam einen Drachen. Der Vorderste versucht, den Schwanz vom Hintersten zu ergattern. Hat er es geschafft, wird er selber zum „Hinterteil".

Variation 3

Ein einzelner Spieler kämpft gegen den großen Drachen und versucht, ihm den Schwanz zu entreißen. Dabei muss er acht geben, dass der Drache ihn nicht „tötet", d.h. berührt.

 # Fischer, Fischer, wie tief ist das Wasser?

Auf der einen Seite des Spielfeldes steht der „Fischer", ihm gegenüber stehen alle anderen als „Fische". Sie fragen: „Fischer, Fischer, wie tief ist das Wasser?" Der Fischer nennt eine beliebige Zahl. Sie fragen weiter: „Wie kommen wir hinüber?" Der Fischer nennt eine Fortbewegungsart; z. B. auf einem Bein hüpfen, auf allen Vieren laufen, schwimmen, rückwärts laufen. Auf diese Weise müssen die Fische wie auch der Fischer die Seiten wechseln. Wer dabei vom Fischer abgeschlagen wird, der muss ihm fangen helfen. Bis zum letzten Fisch!

 # Fuchs, wie lange schläfst du noch?

Auf der Außenlinie des Spielfelds steht der „Fuchs"; im Abstand von wenigen Metern stehen ihm die anderen als „Hühner" in einer Linie gegenüber.

Sie fragen: „Fuchs, wie lange schläfst du noch?" Er nennt eine beliebige Uhrzeit. Dann fängt er laut an zu zählen. Wenn die angesagte Zeit kommt, "wacht" er plötzlich auf, d. h. er rennt los und die Hühner flüchten panisch bis zur anderen Seite. Wer vorher vom Fuchs geschnappt wird, muss ihm fangen helfen.

Variation

Der Fuchs liegt in der Mitte des Spielfelds am Boden, die Hühner stehen im Kreis um ihn herum. Wenn er ausgeschlafen hat und aufspringt, können sich die Hühner zu einer Außenlinie retten.

Wie spät ist es, Herr Wolf?

Auf der einen Seite des Spielfelds steht der „Wolf", ihm gegenüber stehen die anderen Spieler als „Schafe". Sie fragen ihn: „Wie spät ist es, Herr Wolf?" Er nennt eine beliebige Uhrzeit; entsprechend viele Schritte dürfen alle Spieler auf ihn zu machen. Wer als Erster beim Wolf ankommt, ist neuer Wolf.

So ganz einfach geht es allerdings nicht: nennt der Wolf nämlich keine Uhrzeit, sondern ruft „Mahlzeit!", dann hat er Hunger bekommen und rennt auf die Schafe los. Diese eilen zur Startlinie zurück, wo sie sicher sind. Wer aber vorher vom Wolf erwischt wird, der muss ihm fangen helfen.

Der Kaiser schickt Soldaten aus

Ein hartes Spiel, das wohl den Krieg als Erfahrung im Hintergrund hat.

Die Spieler stehen sich in zwei gleichgroßen Linien in Handfassung in angemessenem Abstand gegenüber. Jede Gruppe bestimmt einen Spieler zum „Kaiser". Diese sagen abwechselnd folgenden Satz:

„Der Kaiser schickt Soldaten aus, er schickt den/die ... (Name eines Spielers der eigenen Gruppe) zum Tor hinaus!"

Dieser Spieler rennt nun auf die gegnerische Linie zu und versucht, sie an einer beliebigen Stelle zu durchbrechen. Gelingt dies, so darf er einen der beiden betroffenen Spieler mit zu seiner Gruppe nehmen. Schafft er es nicht, so muss er sich in die andere Gruppe einreihen.

Der Kaiser kann sich auch selbst losschicken; das ist aber riskant, denn bleibt er in der Kette hängen, hat seine Gruppe verloren. Man kann aber zuvor vereinbaren, dass er mehrere „Leben" hat oder die Gruppe bestimmt einen neuen Kaiser.

Plumpsack

In der Schweiz hat dieses Spiel den netten Namen „Lümpelilege".

Die Spieler stehen im Handkreis mit Blick zur Kreismitte und dürfen sich nicht umschauen. Außen herum läuft ein Spieler mit dem „Plumpsack", das ist beispielsweise ein zusammengeknotetes Tuch. Er lässt es unauffällig hinter einem Spieler fallen und läuft weiter. Bemerkt der Betreffende den Plumpsack, schnappt er ihn, rennt dem anderen hinterher und versucht, ihn vor der Kreislücke mit dem Plumpsack abzuschlagen. Wenn das gelingt, muss der bisherige Kreisläufer weiter seine Runden drehen; wenn nicht, setzt er sich schnell in die Lücke.

Bemerkt ein Spieler den Plumpsack nicht, bevor der Kreisläufer wieder bei ihm angekommen ist, so muss er, vielleicht sogar zum Gespött der Gruppe, als „Faules Ei" in die Mitte; solange, bis ein weiterer Spieler zum faulen Ei wird.

Der Spieler, der mit dem Plumpsack unterwegs ist, kann vorher noch folgenden Spruch sagen: „Dreht euch nicht um, der Plumpsack geht herum! Wer sich umdreht oder lacht, kriegt den Buckel vollgemacht!"

Fischernetz

Ein altes Kinderspiel ist die „Goldene Brücke": zwei Spieler halten die gefassten Hände hoch, die anderen laufen unter dieser „Brücke" hintereinander durch und beim jeweils letzten der Reihe gehen die Arme runter, er ist gefangen. Das „Fischernetz" ist eine schöne, moderne Variante davon:

Zwei Spieler fassen sich an den Händen und bilden so das „Fischernetz". Sie verabreden heimlich eine Zahl von eins bis zehn. Nun heben sie die Arme hoch und zählen laut ab eins. Die anderen Spieler durchqueren als „Fische" das Netz. Bei der vereinbarten Zahl senken die beiden Spieler schnell die Arme; befindet sich ein Fisch im Netz, so ist er gefangen und schließt sich an das Netz an. So geht das weiter, das Netz wird dadurch immer größer, damit wächst auch die Gefahr, gefangen zu werden. Zappelt auch der letzte Fisch im Netz, stehen alle Spieler im großen Kreis – da lässt sich dann gleich das nächste Kreisspiel anschließen.

Versteckspiele im Freien

Verstecken mit Freischlagen

Das Grundprinzip vieler Versteckspiele: Ein Spieler zählt an einem Baum, einer Wand o.Ä. bis zu einer bestimmten Zahl, während sich die anderen in einem abgegrenzten Gebiet verstecken. Ihre Aufgabe ist es, sich am Anschlagpunkt frei zu schlagen, bevor der suchende Spieler sie entdeckt und mit Namen anschlägt. Das geht solange, bis alle entweder angeschlagen sind oder sich frei geschlagen haben. Neuer Sucher wird entweder der erste angeschlagene oder der erste freigeschlagene Spieler.

Die Spieler dürfen sich nicht unmittelbar am Anschlagpunkt verstecken. Das verhindert ein alter Spruch, den der suchende Spieler nach dem Zählen aufsagen kann: „Eins, zwei, drei, vier Eckstein, alles muss versteckt sein, hinter mir und neben mir, an beiden Seiten gilt es nicht, ich komme!"

Anschleichen

Für diese Spiel braucht man ein Gelände, das viele Versteckmöglichkeiten bietet. Denn die Aufgabe der Spieler ist es, sich zunächst zu verstecken und dann möglichst ungesehen an den Anschlagpunkt anzuschleichen, um sich dort frei zu schlagen.

Hier steht aber der Wächter, der sich beständig im Umkreis von nur wenigen Metern um diesen Ort aufhält und versucht, jeden Spieler, den er sieht, mit Namen anzuschlagen.

Das geht solange, bis entweder alle angeschlagen sind oder sich frei geschlagen haben.

Räuber und Polizei

Ein Klassiker unter den Versteckspielen, der früher „Räuber und Gendarm" hieß.
Die Spielidee ist einfach: die „Räuber" verstecken sich, die „Polizisten" müssen sie suchen, abschlagen und in ein markiertes „Gefängnis" bringen.

Variation 1

Das Gefängnis wird von der Polizei bewacht; jeder Insasse hat einen Fluchtversuch.

Variation 2

Es gibt einen „Räuberhauptmann", der Gefangene frei schlagen kann, wenn es ihm gelingt, ungesehen das Gefängnis zu erreichen. Man kann vorher vereinbaren, dass er mehrere „Leben" hat.

Die beiden Gruppen fangen sich gegenseitig. Abgeschlagene Polizisten werden in der „Räuberhöhle" festgesetzt. Man kann dann noch die Stelle eines „Polizeipräsidenten" schaffen, der auch Gefangene wieder befreien kann.

Es gibt einen alten Abzählvers, um zu bestimmen, wer Räuber, wer Polizist ist. Ein Spieler beugt sich nach vorne und schließt die Augen. Ein anderer tippt ihm mit dem Zeigefinger auf den Rücken und sagt dazu den Spruch: „Tok, tok, tok, wer soll das sein, Räuber oder Polizei?" und deutet dann auf einen Spieler. Der Gebeugte sagt entweder „Räuber" oder „Polizist".

Steckelesverband

Der „Steckelesverband" besteht aus mehreren Stöcken, die pyramidenförmig aufgestellt werden.

Ein Spieler, der suchen muss, zählt mit geschlossenen Augen bis zu einer vereinbarten Zahl, während sich die anderen verstecken. Entdeckt er bei der nun folgenden Suche einen Spieler, so rennt er zum Steckelesverband zurück, setzt einen Fuß unter die Stöcke und ruft den Namen des betreffenden Spielers mit dem Zusatz „gebannt!" Wenn dieser richtig erkannt wurde, muss er aus seinem Versteck kommen und in das „Lager" bei den Stöcken gehen.

Gelingt es einem Spieler, den Steckelesverband umzuwerfen, bevor er selbst gebannt ist, so sind alle „Lagerinsassen" wieder frei. Der Befreiungsversuch ist natürlich nicht ungefährlich. Nun muss der arme Sucher erst wieder die Stöcke aufstellen und zählen, während sich die anderen erneut verstecken.

Bevor er verzweifelt, weil es ihm einfach nicht gelingt, alle zu bannen, darf er einen Nachfolger bestimmen.

Variation

Der Sucher darf einen gebannten Spieler bestimmen, der ihm helfen muss; eine Art „Kronzeuge", denn der weiß eventuell, wo andere stecken.

Material

mehrere Stöcke

Werwolf

Ein Spieler ist der „Werwolf" und versteckt sich, während alle anderen sich in einer markierten Schutzzone aufhalten. Dann gehen sie gemeinsam auf die Suche. Sobald jemand ihn entdeckt, ruft er laut „Werwolf", woraufhin alle zur Schutzzone flüchten, wo sie gerettet sind.

Spieler, die der Werwolf vorher abschlägt, verwandeln sich auch in Werwölfe. So geht es weiter bis zum letzten, der dann der neue Werwolf wird.

Verstecken mit Pfiff

In einem abgegrenzten Gebiet verstecken sich mehrere Spieler. Jeder hat eine Pfeife dabei und muss Signal geben; entweder in regelmäßigen Abständen oder eine bestimmte Anzahl von Pfiffen insgesamt. Die anderen Spieler haben eine vereinbarte Zeit zur Verfügung, um die Versteckten zu finden.

Variation

Das Spiel kann auch im Dunkeln gespielt werden, die Signale werden dann mit Taschenlampen gegeben.

Material

Trillerpfeifen

Freiheitsfahne

Ein Spieler zählt mit geschlossenen Augen an einem Anschlagpunkt, während die anderen sich verstecken. Einer von ihnen hat eine „Freiheitsfahne" dabei, ein auffälliges Tuch. Wer von dem suchenden Spieler entdeckt und angeschlagen wird, muss ins „Lager" kommen.

Sieht einer der angeschlagenen Spieler den Spieler mit der Freiheitsfahne aus seinem Versteck winken, so ist er frei und darf sich wieder verstecken. Das Winken ist aber riskant; denn wenn der suchende Spieler die Fahne erblickt, so ist der Fahnenträger angeschlagen und niemand kann mehr befreit werden.

Material

ein farbiges Tuch

Wildjagd

Ein Teil der Gruppe bildet verschiedene Arten von „wilden Tieren", die als solche eindeutig markiert sein müssen, z.B. mit Armbinden. Die Tiere verstecken sich. Die „Jäger" ziehen los, um alle Tiere zu fangen. Das ist aber eine anspruchsvolle Aufgabe, die zum Teil nur gemeinsam gelöst werden kann, denn jede Tierart hat ihre eigene Weise, wie sie zur Strecke gebracht werden muss.

So kann ein „Elefant" nur von zwei Jägern gleichzeitig gefangen werden; bei einem „Löwen" braucht es sogar drei Jäger. Einem „Affen" kann es nur ans Fell gehen, wenn er mit beiden Beinen auf dem Boden ist. Einem „Bär" kann nur ein Jäger gefährlich werden, der größer ist als er.

Wer hat weitere Ideen?

Material

verschiedenfarbige Armbinden o.Ä. zur Gruppenkennzeichnung

Fremdkörper

Der Spielleiter versteckt in einem begrenzten Gebiet eine Reihe von Gegenständen, die hier eindeutig Fremdkörper sind, z. B. im Wald eine Flasche, Dose, Plastiktüte, einen Schuh. Die Spieler haben eine bestimmte Zeit zur Verfügung, die Gegenstände zu suchen. Sie notieren sich, was sie finden, lassen die Sachen aber liegen. Anschließend gibt der Spielleiter bekannt, was er versteckt hat und jeder prüft für sich, was er entdeckt hat. Wer hat am meisten, oder gar alles gefunden?

Material

verschiedene Gegenstände, Stifte und Papier

Hinweise

Selbstverständlich werden die Fremdkörper abschließend gemeinsam eingesammelt.
Der Spielleiter sollte vor dem Verstecken schon mal das Gelände abgehen und bereits vorhandene Fremdkörper entfernen.

Gruppenverstecken

Verstecken verkehrt!
Ein Spieler versteckt sich; die anderen gehen auf die Suche nach ihm. Wer ihn entdeckt, darf ihn nicht verraten, sondern gesellt sich unauffällig zu ihm. Das geht so lange, bis alle außer dem letzten Spieler an derselben Stelle versteckt sind und dieser die Gruppe findet. Je mehr Spieler versteckt sind, umso schwieriger wird es natürlich, das Versteck geheim zu halten!

Spiele zum Verstecken und Entdecken

Gegenstand suchen

Ein Spiel, um zur Ruhe zu kommen.

Der Spielleiter versteckt im Raum heimlich einen Gegenstand, z. B. einen kleinen Ball; und zwar so, dass er mit bloßem Auge sichtbar ist. Die Spieler sitzen dabei mit geschlossenen Augen im Stuhlkreis; dann machen sie sich auf die Suche. Wer den Gegenstand entdeckt hat, muss ihn liegen lassen, darf nichts verraten, geht unauffällig weiter und setzt sich wieder auf seinen Stuhl.

Der Spielleiter kann auch helfen, gerade, wenn nur noch wenige Kinder herumirren, z. B. mit „warm – kalt".

Material

kleiner Ball, Figur o. Ä.

Bürstenwanderung

Die Spieler sitzen im Stuhlkreis, dicht an dicht und halten die Arme hinter die Lehne. Eine Bürste wandert von Hand zu Hand; sie darf nicht festgehalten werden. Der Spieler in der Mitte versucht herauszufinden, wo sich die Bürste gerade befindet. Hat er einen Spieler im Verdacht, so deutet er auf ihn, woraufhin dieser die Hände vorzeigen muss. Hat er die Bürste, so geht er in die Mitte.

Variation

Die Bürste wird unter den Knien durchgereicht.
Das Spiel ist auch im Stehkreis möglich.

Material

eine (Haar-) Bürste

Warum eine Bürste? Natürlich kann man auch einen beliebigen anderen Gegenstand nehmen. Aber ein

Spieler, der die Bürste gerade hat, könnte versuchen, dem Spieler in der Mitte damit ungesehen über den Rücken zu bürsten! Das ist natürlich riskant, denn wird er vorher bemerkt, so muss er in die Mitte.

Dirigentenraten

Im Stuhlkreis wird ein ebenfalls im Kreis sitzender Spieler als „Dirigent" bestimmt. Nun tritt das „Orchester" in Aktion, allerdings unhörbar: der Dirigent stellt pantomimisch nacheinander verschiedene Musikinstrumente dar, alle anderen machen sie nach. Ein Spieler, der draußen war, betritt nun den Kreis. Er muss herausfinden, wer Dirigent ist.

Sinnvoll ist natürlich, wenn nicht alle Spieler den Dirigenten anschauen und wichtig ist, dass er immer wieder das Instrument wechselt.

Um die Suche zu erleichtern, kann man dem betreffenden Spieler gestatten, sich außerhalb des Kreises zu stellen; dann hat er alle auf einmal im Blick.

Variation

Statt Instrumente darzustellen kann der Dirigent auch beliebige Bewegungen und Geräusche machen.

Indianer schleichen an

Das Spiel setzt voraus, dass es keine störenden Außengeräusche gibt und dass die Spieler ruhig und konzentriert sind. Denn es ist Nacht in der Prärie und die „Cowboys" in ihrem Lager müssen wachsam sein.

Die Spieler sitzen im Stuhlkreis und haben die Augen geschlossen, aber die Ohren weit geöffnet. Jetzt wird es gefährlich: mehrere Spieler schleichen sich als „Indianer" möglichst geräuschlos an und jeder stellt sich hinter einen Stuhl. Wer von den Cowboys nun meint, dass hinter ihm jemand steht, hebt die Hand, lässt aber die Augen noch zu.

Auf ein Zeichen des Spielleiters öffnen alle die Augen und jeder schaut sich um, ob jemand hinter ihm steht, d.h. ob er richtig gehört hat.

Hase und Jäger

Innerhalb des Stuhlkreises ist der „Jäger" dem „Hasen" hinterher. Die Voraussetzungen für die Jagd sind nicht günstig; denn für den Jäger ist es dunkel: er hat nämlich die Augen verbunden. Da trifft es sich, dass auch der Hase ein Handicap hat: er hat ein Glöckchen am Fußgelenk.

Anhand des Klingelns kann der Jäger sich orientieren. Die Jagd ist zuende, wenn es ihm gelingt, den Hasen zu berühren.

Durch Vergrößern bzw. Verkleinern des Kreises kann dem Jäger die Aufgabe erschwert oder erleichtert werden.

Material

Augenbinde, Glöckchen

Schlossgespenst

In der „Schatzkammer" des Schlosses, die durch den Stuhlkreis gebildet wird, liegt in der Mitte der „Schatz": etwas Süßes oder einfach ein Tuch. Der Kreis muss so groß sein, dass man durch die Lücken zwischen den Stühlen durchgehen kann.

Das „Schlossgespenst" betritt nun von außen die Kammer, um den Schatz zu rauben. Zuvor wurde aber heimlich ein „Wächter" bestimmt. In der Kammer kann sich das Gespenst in Ruhe umschauen; erst in dem Moment, wenn es den Schatz berührt, darf der Wächter aufspringen und versuchen, das Gespenst noch innerhalb der Kammer abzuschlagen. Gelingt es ihm, dann ist Rollentausch.

Das Gespenst erhöht seine Chancen, mit dem Schatz zu entkommen, wenn es schon vorher versucht, den Wächter ausfindig zu machen.

Variation

Das Spiel kann erschwert werden, indem vorher mehrere Wächter ernannt werden. Oder indem das Gespenst die Kammer an der Stelle wieder verlassen muss, wo es sie betreten hat.

Material

Schatz – etwas Süßes oder ein Tuch, Kissen, Ball etc.

Wer fehlt?

Die Spieler gehen im Raum umher. Auf ein Zeichen des Spielleiters bleiben alle wie erstarrt stehen und schließen die Augen. Der Spielleiter wirft über einen Spieler eine Decke, der Betreffende hockt sich hin.
Die anderen öffnen nun die Augen. Sie dürfen sich aber nicht mehr bewegen, also auch nicht die Blickrichtung ändern. Gemeinsam müssen sie herausfinden, wer unter der Decke steckt, wobei sie aber sprechen und sich gegenseitig informieren können.

Material

eine Decke

Museumsräuber

Im Saal des Museums sehen wir die unterschiedlichsten Skulpturen!

Jeder Spieler wird zu einer „Statue" und nimmt eine beliebige Haltung ein, stehend, sitzend oder liegend, in der er aber verharren kann, ohne sich bewegen zu müssen.

Ein „Räuber", der eine der Figuren stehlen möchte, betritt den Raum. Doch der „Museumswächter" hat verdächtige Geräusche gehört und geht hinterher. Um sich zu tarnen, postiert sich der Räuber so, als ob er auch eine Statue wäre. Es gelingt ihm aber nicht, ganz unbeweglich zu bleiben; ab und zu verändert er eine Kleinigkeit an seiner Haltung.

Der Wächter beobachtet aufmerksam alle Figuren und versucht, anhand der kleinen Veränderungen den Räuber herauszufinden.

Variation

„Nachts im Museum": der Raum ist leicht abgedunkelt, der Museumswächter hat eine Taschenlampe.

Schmugglerjagd

Ein „Zöllner" ist einem wertvollen Schmuggelgut hinterher. Einer der anderen Spieler, die alle mit geschlossenen Händen umherlaufen, hat es (z. B. einen kleinen Ball) in seiner Hand verborgen. Die Schmuggelware wandert aber ständig von einem zum anderen. Hat der Zöllner jemanden im Verdacht, so spricht er ihn an, woraufhin der Betreffende seine Hände vorzeigt. Hat er den Gegenstand nicht, so muss der Zöllner sich bei ihm entschuldigen und weitersuchen.

Material

ein kleiner Ball, Figur o.Ä.

Geisterjäger

Der „Geisterjäger" ist, wie der Name sagt, auf der Jagd nach dem „Geist", den er nicht kennt. Er wurde vorher heimlich von der Gruppe bestimmt.

Die Mitspieler bewegen sich frei im Raum, der Geisterjäger versucht, sie zu fangen. Wenn der Geisterjäger einen Spieler abschlägt, so erstarrt dieser auf der Stelle. Der Geist kann ihn aber durch – natürlich möglichst unauffälliges – Antippen wieder erlösen. Wird der Geist selbst vom Geisterjäger berührt, so erstarrt auch er kurz; er kann sich aber selbst wieder befreien. Er ist erst dann abgeschlagen, wenn der Geisterjäger ihn versteinert und zugleich identifiziert: „Du bist der Geist!"

Es kann also vorkommen, dass alle erstarrt dastehen, ohne dass das Spiel zuende ist: der Geist befreit sich ungesehen selbst und gleich danach vielleicht wieder einige andere Spieler.

Dank

an Cosima, Emilia und Luisa aus Eichstetten, die dieses Spiel erfunden und mir die Regeln aufgeschrieben haben.

Don Bosco MiniSpielothek
Klein, fein, alles drin

ISBN 978-3-7698-1919-9

ISBN 978-3-7698-1920-5

ISBN 978-3-7698-1921-2

ISBN 978-3-7698-1922-9

ISBN 978-3-7698-1889-5

ISBN 978-3-7698-1890-1

ISBN 978-3-7698-1891-8

ISBN 978-3-7698-1892-5

ISBN 978-3-7698-1863-5

ISBN 978-3-7698-1864-2

ISBN 978-3-7698-1865-9

ISBN 978-3-7698-1846-8

ISBN 978-3-7698-1847-5

ISBN 978-3-7698-1848-2

ISBN 978-3-7698-1796-6

ISBN 978-3-7698-1797-3

ISBN 978-3-7698-1783-6

ISBN 978-3-7698-1784-3

ISBN 978-3-7698-1786-7

ISBN 978-3-7698-1729-4

ISBN 978-3-7698-1731-7

ISBN 978-3-7698-1613-6

ISBN 978-3-7698-1614-3

ISBN 978-3-7698-1615-0

ISBN 978-3-7698-1531-3

ISBN 978-3-7698-1532-0

ISBN 978-3-7698-1533-7